하늘에서 멧돼지가 떨어졌다

시에시선 **068**

하늘에서 멧돼지가 떨어졌다

유승도 시집

詩와에세이

차례__

제1부

즐거운 죽음 · 11
구렁이 위에서 자다 · 12
강물 소리에 젖다 · 13
하늘에서 멧돼지가 떨어졌다 · 14
겨울 산책 · 18
3월의 눈 · 19
할머니의 두부 · 20
내일은 설날 · 21
어떤 날 · 22
진눈깨비 · 23
눈 · 24
겨울비는 뭣하러 자꾸 내린다냐 · 25
월동 준비를 마친 몸 · 26
제물 · 27
염소 도축장 너머 · 28

제2부

봄 햇살 · 31
봄비와 변신 · 32
꽃은 부른다 · 33
낙화 · 34
노루귀 · 35
나와 세계 · 36
아내가 따준 산딸기를 먹다 · 37
꽃 · 38
상사화 · 39
꽃향기 · 40
어둠이 밀려오면 · 41
자유 · 42
늦가을, 겨울로 가는 길을 걷다 · 43
참새 동네 · 44
저녁이 밝아오다 · 45

제3부

지난가을 · 49

아침노을의 웃음 · 50

첫눈이 온다 · 52

12월 · 53

전화번호를 지우며 · 54

똥을 푸면서 · 55

겨울 손님이 남긴 선물 · 56

물러나다 · 57

참새는 닭장을 자유롭게 들락거린다 · 58

서울도 자연이다 · 60

산을 보면서 · 61

창밖은 절벽 · 62

곱게 보내주다 · 63

10월도 중순을 넘어섰다 · 64

나뭇잎이 떨어지다 · 65

제4부

달밤 · 69
간접 뽀뽀 · 70
어머니 · 71
등 툭툭 · 72
곰벌레를 위한 시 · 73
뉴스를 들으며 · 74
암울한 전망 · 75
경기도 포천군 이동면 도평2리 · 76
환갑 · 77
산다는 게 다 그런 거라고 생각은 하지만 · 78
빈 우체통 · 80
부처님 오신 날 2 · 81
부처님 오신 날 3 · 82
황야의 무법자 · 83
HOTEL XYM · 84

해설 | 남승원 · 87
시인의 말 · 103

제1부

즐거운 죽음

잠시 풀어놓은 개가 고라니 다리를 물고 뜻을 이룬 사람처럼 발걸음도 가볍게 '좋아라' 온다
고라니의 죽음이 개에게 저리 즐거움을 안겨주다니
나는 죽어 누구에게 즐거움을 주려나
떵떵 강이 얼어붙는 소리를 즐기며 횡횡 겨울바람이 분다
아침엔 벼의 사체를 먹으며 나도 즐거웠다

구렁이 위에서 자다

뒤꼍에 돌을 쌓고 흙을 날라 만든 터에 작은 방을 들였다

빛이 맑은 오후, 노란 방울 무늬를 점점이 아로새긴 구렁이가 방 앞에서 몸을 데우다 나를 피해 돌 틈으로 들어간다

스르르르르르, 사라지는 뱀의 꼬리를 보자 잡아당기고 싶다는 마음이 이는 걸 가라앉히며 돌과 돌 사이를 살폈다 뱀이 들어가기엔 모자람이 없는 구멍이 세기 어려울 만큼 뚫려 있다

밤, 요를 깔고 누워 방바닥 아래에 있는 구렁이를 떠올렸다

나처럼 몸을 편 채 있을까 돌돌 말고 있을까 눈을 감고 있을까 뜨고 있을까 쉬쉬 혀를 날름거리고 있을까 입을 닫은 채 어둠이 되어 있을까

뱀도 나를 생각하고 있을까 혹여 나하고 사는 꿈을 꾸고 있는 건 아니겠지?

강물 소리에 젖다

　강물이 바위투성이 비탈을 지나며 세상을 흔든다
　3, 40년 전의 이야기를 나누며 술을 마시다 벗을 뒤에 두고 집으로 향하는 길
　물줄기가 휘돌아 나가는 절벽 위에 서니 강물 소리가 발을 타고 올라 하늘로 솟는다
　아버지도 이 소리를 들으며 서 있었지
　구름 한 조각 잡지 못한 채 살아온 생을 바라본다
　단단하게 내려앉은 어둠도 풀풀 풀어지며 흐른다
　멀리 읍내의 불빛도 겨우 산에 올라 하늘 아래 깔렸다
　좁은 가슴을 비집고 긴 한숨이 나오는데
　강물은 거침없이 흐르며 도도한 소리로 나를 후려친다
　잡히지 마라

하늘에서 멧돼지가 떨어졌다

1

친구가 사는 골짜기는 입구 쪽이 절벽 아랫길이다

가게에서 막걸리 한 병 사가지고 들어가던 친구 앞으로 멧돼지가 떨어졌다 두세 걸음 앞서 나갔다면 명줄을 놓칠 수도 있었다 철렁 내려앉은 가슴을 주워 챙기며 바라보니 멧돼지가 머리를 들고 꾸울꿀 애원을 한다

하늘에서 떨어진 고기가 아닌가?

놈은 앞발만 겨우 세우는 지경이었다 어찌 산속에서 살아갈 수 있겠는가 비가 온 뒤라고는 하지만 멀쩡했을 때도 절벽 아래로 떨어진 놈이다

어서 죽여 달라구?

돌을 들고 가 서너 번 내려치면서 친구는 하늘로부터 상을 받을만한 일을 언제 했는가를 생각했다 좀체 떠오르질 않았다 먹고 나서 생각해보자 잘한 일이 없다면 하면 되지 않겠는가

2

우리는 쓸개즙을 탄 소주를 한 잔씩 나누어 마시는 것

으로 작업을 마치고 둘러앉았다

　막 처녀티가 나는 암퇘지라 그런지 잡내가 나진 않았지만 단단한 육질이 내 허술한 이를 힘들게 했다 피를 머금은 간과 염통과 콩팥도 썰어 구웠다 똥을 빼내고 뒤집어 물로 씻어내고 밀가루를 묻혀 세 번, 왕소금을 뿌려 두 번 더 치대어 헹궈낸 덕인지 창자도 철판에 자글자글 익히니 소주와 짝이 맞았다

　얘가 부처여, 자기 몸을 내놓아 우리가 거하게 먹고 마시도록 해주니

　그렇긴 그려, 남을 즐겁게 해주는 게 쉬운 일인감

　이 골짜기 저 골짜기에 흩어져 사는 친구 다섯이 모여 깊어가는 밤을 술잔에 따르는데

　우지직 우지지직, 계곡의 물소리를 죽이며 보이지 않는 소리가 다가온다

　아이구, 윗집 옥수수는 오늘로 다 먹었구만

　소리가 보통이 아닌데, 바위만 한 놈이 분명해

　어둠을 깨뜨리는 소리에 귀를 기울이며 술잔을 비우고 고기를 씹었다 고기가 수북이 담겼던 바가지도 얼추 비

어가고 있었다 우지직 우지지직, 옥수수밭을 뭉개는 소리가 이어졌지만 아무도 멧돼지를 쫓으려하지 않았다

3

 앞발로 옥수수를 감싸 안듯이 하면서 밭두둑을 타고 쭉 앞으로 가는 거야 가슴 밑으로 빨려 들어가듯이 옥수숫대가 넘어져 배에 눌리며 쭈욱 눕는 거지 그렇게 해놓고 새끼들을 불러 먹인다구
 엄니가 나를 살펴준 거보다 더 살뜰히 보살피더라구 한번은 총을 쐈는데 엉덩이에 맞은 거야 뒷다리를 쓸 수 없으니 앞다리만으로 몸을 질질 끌고 가더라구 그러면서도 새끼들을 둘러보며 끽 소리도 내지 않더라니까 양옆이 벼랑으로 이뤄진 길에서 만난 적도 있는데 차를 들이받으며 비키질 않는 거야 밀어버릴 마음으로 살펴보니 새끼들이 있더라구
 녀석들이 얼마나 영리하냐면, 저번에 죽은 사람 알지? 왜 개 두 마리와 함께 씹혀 죽었다는 사람 있잖아 그 사람이 멧돼지를 추격하고 있었거든, 쫓기던 놈들이 계산

을 한 거야 자기들이 숫자가 많거든, 몸을 돌려 공격을 한 거지

　사냥꾼 친구의 이야기를 흘려듣는 동안에도 윗집 옥수수밭의 소리는 끊이지 않았다 슬쩍 고개를 돌려 보았다 어둠이 두텁게 내려앉아 비탈밭과 하늘의 경계선이 보이지 않았다

겨울 산책

길가 가느다란 나뭇가지에 푸른 등이 흔들리고 있다
 유리산누에나방 고치라고 누군가 말했었다 나방이 나가면서 남긴 번데기 껍질만 자리를 지키고 있다면서
 발을 멈추고 바라보니, 기다림의 시간을 보내는 나무가 든 초롱이다
 기다리는 마음은 푸른빛임을 알린다

3월의 눈

산등성이와 산등성이를 울리며 소나무 부러지는 소리
물기를 머금은 눈은 귀가 없다
날아들던 봄소식도 눈에 막혔다
낳자마자 죽은 흑염소 새끼를 눈을 헤치고 묻어주었더니
새끼 내놓으라며 목메어 우는 어미의 소리가
소나무를 덮은 눈 위에 덧쌓인다

할머니의 두부

읍내에 갔다 돌아오니
마루에 앉아 있는 두부 두 모
다소곳한 품이 꽤 귀티가 난다
누가 갖다 놓았는지 알겠다

  새댁 소리 들을 땐 참 예뻤다는 할머니다 드러누운 할아버지 일까지 도맡아 하면서 언제 두부까지 만드셨나
  햇살을 받고 있는 두부엔 볼수록 새댁의 얼굴이 비친다
  힘에 부치면서도 두부를 만드는 건 지금도 그때의 마음 그대로라는 거다

내일은 설날

예진아 예슬아 갔다 올 테니까 잘 있어
올 때 고기 좀 갖고 올 테니까 기다리고 있어
산등성이 옆 쓰러져가는 집에 홀로 살고 있는 박 씨가 서울로 간다
아흔 살 어머니께 얼굴조차 비치지 않는 게 영 걸렸나 보다
굴러들어온 외지인에 육십 중반의 나이, 반겨주는 건 우리 집 개 두 마리뿐
오늘도 꼬리 치며 웃는 개에게 인사를 건네며 집 앞을 지난다
며칠 있다가 올게, 설날 복 많이 받아라

어떤 날

보고 싶어도 볼 수 없는 사람들이 있다
이 땅 어디, 그리 멀지 않은 곳에 살고 있겠지 생각하니
사람 세상이라는 것도 꽤 괜찮아 보인다
이제는 희미하여 안개나 바람 같은 얼굴들이지만
그들도 어쩌다 나를 떠올릴 거란 생각을 하니
떨어지는 해가 슬쩍 미소를 짓는다

진눈깨비

눈으로 펄펄 날리고 싶었으나 그러지 못하고 살아왔다
비로 주룩주룩 내리고 싶었으나 그러지도 못하고 살아왔다
마음이나마 풀어놓고 구름이나 바람으로 살아가고 싶기도 했으나 그러지도 못했다
눈도 아니고 비도 아닌 것이 내리는 한겨울 밤, 처마 밑에 서서 앞을 바라보니
어둠 외엔 아무것도 보이지 않는다
"난 참 바보처럼 살았군요" 흐느끼던 가수의 노래가 생각난다

눈

이놈들이 내 몸과 마음을 거처간 물이었지?
머리에 어깨에 내려앉는 몸짓도 다정하다
산봉우리에 걸린 구름이었고 산기슭을 돌아나가는 강물이었고 골짜기 밖에서 두 팔 벌려 나를 맞았던 바다였다고
밭에서 일할 때 흐르던 땀이었고 얼굴을 씻던 도랑물이었고 오줌이었고 벌컥벌컥 마셔댔던 샘물이었다고
생각하니 뭐 이리 가까운 놈인가 뭐 이리 따듯한 놈인가

겨울비는 뭣하러 자꾸 내린다냐

 어제 저녁부터 내리던 비가 그치니 흑염소가 배고프다며 운다 아침엔 비가 내리는 통에 풀어놓지도 못했다
 한낮인데 울어대면 어쩌라구 에이잉 귀찮다 가만, 내일모레 도축장 데려가야 할 놈이 있잖아! 돈을 주고 간 사람이 토요일에 오겠다고 그랬으니
 엉덩이를 일으켰다 엉덩이는 비가 내리기 시작하자마자 무거워진 상태였다 그래도 살날이 이틀밖에 남지 않은 놈이 울어대는데 앉아 있을 순 없는 일
 아침에 다라에 준 콩깍지는 물에 젖어 불었다 비에 젖으니 먹다가 말았을 거다 쏟아버리고 바삭바삭한 콩깍지를 담아주었다
 비는 멈췄지만 하늘은 여전히 무겁다 언제 해맑은 날이 그리 많았다고 하늘을 또 쳐다보았단 말인가 집안으로 발을 옮기며 노래 한 소절 내어본다 "너도 가고 나도 가야지"*

*박목월 「이별의 노래」 부분

월동 준비를 마친 몸

꺼칠하면서도 부드러운 털이 촘촘히 박힌 고라니의 가죽을 벗겨내니 등에서 옆구리로 흘러내리는 비계 층이 드러났다 어떤 추위도 파고들 수 없게끔 몸을 감쌌다

이중 방한복이라니! 한겨울에 훈련을 받던 군대에서도 구경하지 못했다

김장을 하고 무와 감자를 구덩이에 묻고 고구마를 방구석에 들이고 연탄을 헛간에 쟁여놓는 동안에, 고라니는 제 몸에다 산야를 헤쳐 나갈 준비를 마쳤다

배에 내 주먹보다도 큰 기름 덩어리 두 개까지 저장해놓고 걸렸으니, 덫의 이빨이 휘어지고 정강이뼈가 허연 빛을 드러낼 때까지 몸부림을 치지 않을 수 있었겠나

제물

참새들이 노래하며 노니는 덤불로 검은 물체가 날아들었다

참새 한 마리를 움켜쥔 매가 떠올라 날아가는 하늘 한편에 째액째액 비명이 울린 것도 잠깐이었다

옆 나무로 피신했던 참새들이 다시 모여들어 지저귄다 매가 왔다 갔으니 당분간은 오지 않으리란 걸 알고 있다며 신이 났다

오늘 놀지 못하면 내일은 또 어찌 놀 수 있으리요

염소 도축장 너머

 도축장 담 너머에는 사람의 집이 있고 밭이 있고 도시로 이어진 길이 있다 길에는 차가 끊이지 않고 오간다 아무리 봐도 풀을 뜯거나 폴짝 뛰며 노는 염소는 보이지 않는다

 도축장 담 너머를 바라보던 염소야
 무엇을 보았기에 고개 돌려 나를 본 것이냐

제2부

봄 햇살

 매 한 마리가 닭장 위 하늘, 저 위에서 빙빙 원을 그리며
 닭들을 향해 죽음을 뿌리는 한낮
 닭들은 흙을 헤치며 모이를 찾느라 여념이 없다

봄비와 변신

봄날에 비가 내리면 잠에 들고 싶다
잠에 빠져 비에 젖다가
비가 멈추면 아함 눈을 떠, 사람이 아닌 무엇이 돼 있어도
기꺼이 그 모습으로 살겠다

꽃은 부른다

누군가를 부르며 꽃은 피어 있다
산에서도 바닷가에서도
나를 부르며 너를 부르며 피어 있다
붉거나 하얀 소리로 혹은 노란 소리로
엉뚱한 곳을 바라보는 이들을 부르고 있다

낙화

사람들은 땅에 떨어진 꽃 앞에서 발을 멈춘 채
삶의 아름다움을 보기도 하고
슬픔에 젖기도 한다
자신이 꽃인 줄 안다는 거다

노루귀

산골짜기에서 아무런 소리도 없이 손짓 하나 없이
가만히 피어나
너무 빨리 나왔나?
남녘을 향해 쫑긋 귀 기울인다

나와 세계

 천 년이 넘게 살았다는 저 은행나무와 악수할 수 없다면 나는 누구의 손도 잡을 수 없다
 낮게 흔들리는 냉이꽃 민들레 제비꽃의 높이로 내 키를 낮출 수 없다면 나는 무엇과도 평등할 수 없다
 내 어깨를 누르는 자본과 권력 앞에서 고개 숙이거나 비굴한 웃음을 짓지 않을 수 없다면 나는 한 발짝도 마음대로 걸어갈 수 없다

아내가 따준 산딸기를 먹다

집 주위에 산딸기가 널렸는데도 손이 가지 않던 차에
아내가 붉고 탱탱한 산딸기를 하얀 그릇에 담아 건넨다
어쩌냐 먹고 싶은 마음이 없다고 해도 먹어야지
한 움큼 쥐어 입으로 넣으니 산들바람 맛이 난다
그래 내가 산에 사는 짐승이었지

꽃

늦가을, 국화가 바람에 일렁이는 것을 보니 살짝 웃음이 난다
나를 보고 손짓하는 게 아니라는 걸 뻔히 알면서도

내가 부를 때, 너도 알면서 웃어주었겠지
자신을 콕 집어 부르고 있는 게 아니란 것을

상사화

매미가 악착같이 우는데
무더기로 피어 누군가를 찾는다
잎이 진 자리에서 쑤욱 꽃대를 밀어올려

아무리 살펴도, 사무치게 불러도
없다

보고 싶은 사람은 죽어야만 만날 수 있음을 알면서도
다시 둘러보는
눈빛이 흐릿하다

꽃향기

바람에 실려온다 산등성이 컨테이너에 사는 도사의 주문 외는 소리

혼자서 해와 달을 바라보며 살아온 지 60년이 넘었다지

나비나 꿀벌은 아니라도, 파리 정도라도

제발 다가오려마 다가오려마

아침에도 저녁에도 어쩔 땐 한낮에도

어둠이 밀려오면

　서쪽 하늘에 개밥바라기가 반짝이기 시작하면 마을로 들어오는 길목에 가로등이 불을 밝히고 산등성이 도사네 집 마당에도 불이 켜진다 산 아래 마을에도 두어 개의 불이 미소 짓고 뒷산 봉우리 아래 산사에도 서너 개의 불이 탄다
　불은 서로 얘기를 나눈다 별에게 하늘의 말을 듣거나 지상의 이야기를 전하기도 한다

　일찍 잠에 든 사람들은 듣지 못하는 불의 이야기에 귀를 기울인다

자유

 겨울이라 윗집 밭에 들어가도 괜찮았다 고삐가 끊어진 흑염소를 내버려두었다 아침에 우리 문을 열어놨다가 저녁에 소리 내어 쫓아 들여보냈다
 그런데 요상하기도 하지
 다 늙은 흑염소의 얼굴이 펴지는 게 보였다 얼굴색도 환해졌다 웃는 표정이었다 나를 보면 좋아라 뛰어오기도 했다 통통 튀면서 공중돌기까지 했다
 할머니가 대여섯 살 아이로 변해 뛰어노는 모습이랄까

늦가을, 겨울로 가는 길을 걷다

비가 그치면서 바람이 분다 잎이 떨어져 휘날린다
노랗고 붉은 울음이 길을 덮는다
비에 젖은 울음은 진하다 꿈틀거린다 길을 따라 기어간다
바람은 쉼 없이 숲의 울음을 사람이 다니는 길로 쏟아낸다
나는 울지 않을 거다
잎들이 길바닥에 달라붙어 피를 토하고 있어도
멈추지 않고 겨울 속으로 갈 거다

참새 동네

워억 워억 워억 워억
뭔 고라니가 낮에도 울어싼다냐
고개 들어 소리 나는 쪽을 살피니 윗집 조밭에서 임 씨가 고함을 치며 참새를 쫓고 있다
곧 날이 저물자 조밭을 굽어보고 있는 소나무에 임 씨와 씨름을 하던 참새들이 몰려든다 소나무가 참새의 마을이 되면서 어둠에 젖어들던 산중이 부산하다
아유 아유 우리가 먹으면 얼마나 먹는다고 쫓는 꼴이라니, 우스워서 조가 목에 걸려 죽을 뻔했다니까 소리를 질러대면 먹지 않을 줄 아는 모양이야 내일도 쫓아보라지 아유 아유

저녁이 밝아오다

 친구를 만난다며 나갔던 아들과 일을 하러 나갔던 아내가 함께 돌아온다 해도 져서 땅거미가 드리운 집 앞 도로에서 오솔길을 따라 올라온다 낮의 햇살 아래 세상은 오늘도 적막했다 어둠이 길을 덮기 전 들어오는 아내와 아들의 모습에 밝아오는 저녁
 어둑어둑 깔리기 시작하던 어둠을 걷으며 아내와 아들이 집으로 들어온다

제3부

지난가을

　겨울이 밀려온 언덕에 서니 지난가을 길가에서 듣던 울음소리가 들린다
　적막한 산길 모퉁이에서 제 몸을 비벼 울긋불긋한 소리를 내놓던 여치
　나뭇잎 하나 흔들리지 않는데, 혹여 자신이 바람을 일으키진 않을까
　조심조심 숲을 울리던 소리
　얼굴을 할퀴며 지나가는 겨울바람 소리를 가라앉히며 들려온다

아침노을의 웃음

 아내는 진돗개를 풀어놔도 흑염소를 덮치지 않으리라 믿고 있었습니다 개가 순둥이면서 똑똑해서 그럴 리가 없다고 생각했지요 숲으로 달아난 닭도 쫓아가 잡아서 주인이 올 때까지 발로 누르고 있었는데 어찌 흑염소를 노리겠냐며 자신 있게 말했지요

 와다다닥 집 옆을 울리며 뛰어가는 발소리가 들렸습니다 아내가 그릇 구르는 소리를 내면서 따라가는 소리도 들렸지요

 팬티 바람에 나가니 개가 흑염소 주둥이를 물고 늘어진 상태였습니다 아내가 진돗개의 목줄을 힘껏 잡아당기는데도 놓아주질 않았지요 와다다닥 달려가 손을 들어 진돗개의 머리를 내리쳤습니다 개는 물러서며 피했지요 그 틈에 풀려난 흑염소가 뿔을 내밀며 개를 들이받았습니다 주둥이에서 피를 뚝뚝 떨구면서도 공격을 멈추지 않았지요

 나는 고삐를 당겨 잡고 우리 앞으로 데려갔습니다 흑염소는 그때서야 두려운 마음이 들었는지 얼른 철망 안으로 들어가 개를 살폈습니다

진돗개는 아내에게 볼을 맞고서야 뭔가 잘못했다는 걸 알았는지 머리를 숙인 채 순순히 자기 집 쪽으로 끌려가고 있었습니다
 동산에 떠오른 태양을 감싼 노을이 불타며 웃는 아침이었지요

첫눈이 온다

 어젠 동토의 바람이 내려오더니,
 앞산을 가리며 눈이 내린다 눈을 처음 보는 칠면조는 우리 안을 오락가락 횃대를 오르락내리락하며 껄꾸두 껄꾸두 들어보지 못한 소리를 낸다 작년에 겨울을 맛본 검은 고양이는 눈을 맞으며 풀숲에 앉아 함박눈 같은 눈으로 나를 바라본다
 올해는 첫눈이 눈답게 내리는구나
 제대한 민간인 아들을 보며 툭 한마디 건넨다
 그러게요
 싱겁게 대꾸를 하는 아들을 바라보며 읍내에 나간 아내를 생각한다 조심조심 차를 몰아야 할 텐데
 아내는 차분하다는 말이 어울리는 사람은 아니다
 빈 밭이 하얗게 빛나기 시작한다 눈은 평등하다 온 누리를 더도 덜도 없이 덮는다 천지신명께 빌지 않아도 다 덮는다 하얗게,
 죄도 위아래도 권력도 돈도 원래 없는 것이다

12월

아내는 면사무소에서 받아왔다며 구제역 백신이 든 주사기* 4개를 비닐봉지에 싸서 냉장고에 넣었다

한 달 남았다 남은 네 마리를 도축장으로 데려가면 더는 흑염소를 키우지 않을 거다 내일이라도 한 놈 한 놈 붙잡아 주사를 맞히고 나면 한 달이야 바람이 얼굴을 스윽 스치듯 지나갈 거다 그다음엔 흑염소들이 있었던 자리에 들어앉은 적막과 친해져야 할 시간이 필요하겠지 그러나 그 시간도 바람 한줄기와 함께 지나갈 것을 의심치 않는다 겨울이 깊어지면 봄이 올 것이고, 뛰노는 어린 흑염소들이 보이지 않아도 나는 새싹과 꽃들을 맞이할 거다

여름이 오고 가을이 오고 다시 겨울이 오고, 그러는 동안에 흑염소가 보고 싶을 때도 있겠지

*도축장에선 구제역 예방접종 여부를 수의사가 검사한다.

전화번호를 지우며

돌아가셨다는 문자를 받은 사람의 번호를 연락처에서 지운다
보고 싶었던 사람이었으니 장례식장에라도 가볼까 생각했으나 생각만으로 그쳤다
번호를 지우면서도 이 세상에 없는 사람이라는 생각은 들지 않았다
어딘가엔 있을, 사람 아닌 사람

똥을 푸면서

 변소의 똥을 푼다 20년 넘게 하다 보니 똥냄새도 맡을 만하다 입맛을 다시며 주위를 어슬렁거리는 개의 경지는 되지 못하지만 뭐 구수하게는 느껴지니 똥 푸기도 운동 삼아 할만한 일이다

 똥통은 돼지를 잡을 때 보았던 위장 속과 같다

 일 년 내내 풀어지지 않은 단단한 덩어리를 바가지에 담으려 하는데 아들이 인터넷을 통해 중국에서 산 고무줄총이 모습을 드러냈다 되팔기 위해 장터에 올렸다가 '그런 건 올리면 안 된다'는 경찰의 전화를 받고 똥통에 넣었다는 총이다 쇠 구슬로 쏘면 사람도 잡을 위력을 지녔다

 똥통엔 내가 생각했던 똥만 있는 것은 아니란 걸 환갑을 넘긴 올해 들어서야 알았다

겨울 손님이 남긴 선물

 삭풍이 지붕을 할퀴며 달려가던 밤을 새우고 흑염소 집에 가보니 너구리가 와서 누워 있다 짚이 깔린 집을 뺏긴 채 흑염소 세 마리가 기웃기웃 살핀다
 작대기로 툭툭 치니 눈을 뜬 너구리가 끄으응 신음 소리를 낸다
 아하 죽을 때가 된 놈이구나
 작대기에서 느껴지는 감촉이 둔탁하다 못해 딱딱하다 부스러기가 온몸을 뒤덮었다
 어찌 하는 수가 없어 물러났다 다시 가서 작대기로 툭툭 치니 그새 반응이 없다
 나무 밑의 얼은 땅을 곡괭이로 파서 묻어준 뒤 봄이 왔다
 흑염소 한 마리의 피부에 부스럼이 피어나기 시작했다 약을 사서 발라줘도 낫질 않는다
 숲의 신음 소리가 들려오기 시작했다

물러나다

꾸우 꾸우 푸푸 꾸어 꾸어, 숲을 오르자니 멧돼지가 울음소리를 던진다

이거 잘못 들어섰구나

천천히 뒷걸음질 쳐 산 아래로 멀어졌다 분명 새끼들이 있을 것이다 몇 발자국만 더 나갔다면 달려드는 멧돼지와 부딪힐 뻔했다

경고를 줄 땐 받아들여야 한다 멧돼지가 아니고 손에 잡힐 만한 새라 해도 목숨을 걸고 덤빌 때는 물러나야 한다 죽이거나 죽임을 당할 생각이 없다면

참새는 닭장을 자유롭게 들락거린다

닭에게 모이를 주면, 닭장 옆 덤불에 있던 참새들이 철망 안으로 쏙쏙 들어가 제 먹이인 양 천연스레 먹는다 언뜻 보면 제 몸보다 작은 구멍을, 어찌 쏙쏙 들어가고 나오는지

모이를 먹고 나와 덤불에서 놀다가 또 배가 고프면 다시 들어가 먹고 나와 재재재재 할 말도 많다

닭은 참새를 본체만체한다 당연히 같이 먹어야 할 음식이라는 듯 개의치 않는다 어린놈들은 콕콕 쪼아 먹이통에서 밀어내면서

야 자식들아 쫓으려면 참새를 쫓아야지 왜 어린놈을 못 살게 굴어, 앙!

에이, 닭들이 보기 싫어 돌아서다 되돌려 바라본다 닭과 참새가 어우러져 먹는 모습이 나쁘진 않다

어린놈도 참새인 듯이 좀 대해줘라 대체 구박하는 이유가 뭐냐?

하긴 사람도 자기보다 약한 놈 앞에선 거만하게 굴다가도 개나 고양이 앞에선 온화한 미소를 짓지

휘이, 덤불에 앉은 참새 떼를 향해 두 손을 들며 소리

를 지르니 파다닥 날아올라 하늘에 쫘악 퍼진다 '쫓아올 수 있으면 쫓아와 봐'

서울도 자연이다

자연 속에 파묻혀 사니 좋겠네
서울도 자연인데 뭐
그런가?
사람이 자연인데, 그들이 만든 도시가 자연이 아닐 리가 없잖아

친구는 전화를 급히 끊었다 바쁜 모양이다 호랑지빠귀는 동산에 해가 올라 숲을 환하게 만들었는데도 울음을 그치지 않는다
저 새도 바쁘구나

산을 보면서

　산이 구불구불 맥을 이뤄 위로 아래로 달려가는 모습을 보고 있으면 멋있다는 생각이 든다 꿈틀꿈틀 거대한 벌레가 기어가는 모습이다 가만히 있으면서도 쉼 없이 나아가는 산이 부럽기도 하다
　사람들이 봉우리마다 이름을 지어 자신의 세계로 끌어들인 것도 산이 부러워서일 거다
　사람은 산의 친구가 되기도 하고 스승으로 받들기도 한다 어떤 이는 스스로 산이 되기도 한다
　산은 가만히 있기에 되지 못할 게 없다

창밖은 절벽

형님 집에 가서 자고 일어나 창가로 가니
어이구야! 절벽이다 한 발만 더 내디디면 아아아,
인생이 끝날 판이다
형님은 매일매일 절벽 위에서
아래를 내려다보며 사는구나
열심히 돈을 벌어야 했구나
떨어지지 않기 위해
가슴을 쓸어내리며 살고 있구나
절벽 윗부분 한 뼘 공간에 둥지를 짓고
새끼를 키우는 독수리가 되었구나

곱게 보내주다

 암컷의 반 정도는 될까? 수컷 사마귀가 암컷 등에 찰싹 붙었다 잡아서 손바닥에 올려놓고 보는데도 떨어지지 않는다 죽어도 떨어지지 않을 자세다
 풀숲에 손을 내리니 암컷 사마귀는 서둘러 손바닥을 타고 내려가 풀 사이로 기어간다 그러는 중에도 수컷은 꼼짝도 하지 않는다
 그만 시선을 거두고 들깨 타작을 이어갔다
 죽음을 마다하지 않을 정도의 일이 얼마나 될 것인가 그러니 목숨을 걸고 있는 자를 어이할 수 있을까 곱게 보내주는 게 좋은 일이다

10월도 중순을 넘어섰다

  베어서 눕혀놓은 들깨를 털려고 밭으로 나갔다가 푸릇한 기운이 가시지 않은 꼬투리가 눈에 거슬려 발길을 돌렸다 채 익지도 않은 감을 쪼아 먹는 물까치들을 '휘이' 쫓았으나 날아가지 않는 놈들이 있어 돌멩이를 주워 던졌다 그래도 날아가지 않는 녀석이 있어 한 번 더 던졌다
  비가 온다더니 흐릿한 날이 저녁까지 이어졌다 풀을 먹으라고 흑염소 네 마리를 풀어놓으니 밭으로 가서 눕혀진 들깨를 질겅질겅 밟고 돌아다닌다 소리를 쳤으나 녀석들도 들은 둥 만 둥이다 돌을 던지니 염소는 맞지 않고 깨가 털리는 소리가 난다 염소들이 놀랐는지 와다다닥 들깨를 밟아대며 우리 쪽으로 달아난다

나뭇잎이 떨어지다

돌담 너머 느릅나무에서 잎이 하나 떨어진다
어제는 그믐달 아래로 별똥별이 졌는데
오늘은 산 아랫마을에 나보다 젊은 사람이 죽었다

제4부

달밤

 달빛이 내려앉아 밤이 곱게 빛날 때는 위험하다 잠을 자던 짐승의 비명소리 들린다
 '케에에에엑', 새의 숨이 끊어지는 소리에 '깨에 깨에' 주위의 나무에서 자던 물까치 몇 마리가 경계의 소리를 냈으나 쌓인 빛은 꿈적거리지도 않는다 달빛 바다 한쪽에서 파도가 일긴 일었으나 숲의 적막은 깊고 밤은 밝기를 더하며 깊어간다
 달빛을 먹는 그림자가 움직이기 좋은 밤이다

간접 뽀뽀

   벌레가 둥그런 원을 그리며 베어 먹은 겨자 잎에 밥을 놓고 고추장을 얹어 싸서 입에 넣는다 벌레의 입이 닿았을 곳에 내 혀가 닿으니 푸르른 촉감이 몸에 퍼진다
   씹자 매콤한 맛이 입을 채운다 잠시 잠시 입질을 멈추고 머리를 드는 벌레가 떠오른다 나처럼 매운 맛을 좋아하는 놈이다 엄지와 검지로 잡으면 에이고 에이고 간지럽다며 온몸을 꼼지락거릴 거다
   너의 입이 닿은 곳을 나의 입에 넣으니 입에 입을 맞추는 것보다 서늘하다

어머니

  내가 세 살인가 네 살인가에 돌아가셨다는 어머니

  저 구름의 부드러운 웃음, 얼굴의 땀을 훔쳐 주며 스쳐 가는 바람의 손길, 끝과 넓이를 알 수 없는 하늘, 발을 담그면 어루만지며 나아가는 물줄기의 숨결, 토닥토닥 등을 두드리며 내리는 비, 살랑살랑 나를 부르는 나뭇잎, 늦은 잠에서 눈을 뜨게 하는 새들의 노래, 세상이 깜깜할수록 더욱 빛나는 달과 별

  이런 모습이 아닐까 짐작이나 한다

등 툭툭

잘 다녀와유
인사를 하면서 아내의 등을 툭툭 친다
사람의 몸에서 가장 편평한 곳, 툭툭 치면 손의 느낌도 편안하여 아무 일 없이 돌아올 것을 믿게 된다
툭툭 칠만한 곳, 참 좋은 곳
이러다 남의 등도 툭툭 치게 되는 것 아냐? 성추행범으로 몰리는 거 아냐?
그래도 툭툭 아내가 집을 나갈 때마다
등 툭툭

곰벌레를 위한 시

  너는 우주복을 입은 곰 같다 빛이 미는 대로 우주 공간을 나아가다 견딜 수 없는 기운이 주위를 감싸면 잠에 든들 어떠랴 툭 어딘가에 닿는 감촉에 눈을 떠 고향에 온 듯이 어슬렁어슬렁 발길 닿는 대로 간다
  외로움 같은 건 알지도 못하는 몸, 어딘들 어떠랴 우주 끝인들 어떠랴 다른 세계의 시작인들 어떠랴 저 멀리서 부르는 빛을 게슴츠레 바라보며 천천히 아주 천천히, 뒤돌아보지 않고 다시 날아간들 어떠랴 운석이 건네주는 이야기에 귀 기울이다 또 긴 잠에 들은들 어떠랴

*지구 최강의 생명체. 태양이 식어도 100억 년 동안 살아남을 것으로 예상된다. 다리 8개. 0.5mm 남짓 초소형 무척추동물. 얼려도 끓여도 굶겨도 치명적인 방사선을 쪼여도 죽지 않는다. 음식·물 없이도 최장 30년을 살 수 있다. 섭씨 영하 272도, 영상 150도 극저·고온도 견뎌낸다. 우주와 같은 진공상태에서 살아남는 능력도 갖추었다. 행동이 굼뜨고 느리다.

뉴스를 들으며

아나운서들은 '관건'을 '관껀'이라고 발음한다 언어 순화 차원에서 '관건'을 '관껀'으로 발음하도록 정했다 하지?

대게 배웠다는 사람이나 권력을 가진 사람들은 자신을 사회 지도자라고 하며 세상을 제 생각대로 만들어가려고 한다 참 오만도 하시지

오늘도 '관건'을 '관껀'으로 발음하는 소리를 들으니 가슴이 조여온다 저놈들이 나를 자기 맘에 맞게 개조하려 드는구나

'짜장면'을 '자장면'이라고 부르라 하던 때도 희한하다 생각했다 그 옆에 '짬뽕'은 왜 '잠봉'으로 부르라 하지 않는지 알 수 없었다 불란서 맛이 나는 '잠봉', 금방이라도 딱딱한 가슴이 말랑말랑하게 변할 것 같지 않은가

암울한 전망

　수염을 기른 뒤로 공격을 많이도 받는다
　삐딱한 눈초리로 '왜 수염을 기르냐'고 묻는다
　친척부터 이러저러한 일로 만난 사람들과 주변 지인들까지
　툭, 아무렇지도 않게 던지곤 하는 말,
　야 이 개새꺄 싸가지 없이 왜 수염을 기르고 지랄이야! 빨리 안 깎을래!
　이런 말이다 그러니 나도 어쩔 수 없다
　왜 기르냐는 말이 내게 던져지지 않을 때까지 수염을 깎을 수가 없다
　나는 교수나 유명한 예술가도 아니고 돈이 많지도 않으니
　죽을 때까지, 수염을 깎고 싶어도 깎지 못할 것이다

경기도 포천군 이동면 도평2리

　아버지 술 심부름으로 주전자를 들고 주점을 오가며 막걸리 맛을 알았고
　작은 지게를 지고 들로 나가 꼴을 베다 소에게 먹이며 풀 냄새를 알았던 곳
　냇가에서 가재 새끼를 잡아 날것으로 씹어 먹었고
　키워 함께 놀겠다며 할미새 새끼들이 담긴 둥지를 품에 안고 논두렁을 따라 집으로 가던 길, 머리 위를 날며 쫓아오는 어미 새의 울음소리가 무서워 발걸음을 재촉하던 곳
　아무것도 먹지 않고 죽은 새끼들을 울타리 아래 묻으며 삶과 죽음을 배운 곳
　커서 찾아가니 막걸리와 갈비를 파는 식당이 즐비한데, 집이 있던 자리가 어디였는지조차 가물가물하여 하룻밤 묵을 생각도 내려놓은 채 막차를 타고 떠나왔다

환갑

봄이 오면 보리 물결이 생각난다

제주도 모슬포 바다의 침묵을 배경으로 철조망 밖 들판을 채운 보리가 일렁였다 이따금 철조망 가까이 보리 물결에 실려 오는 여자아이가 있어 군복에 몸이 갇힌 청년들이 건빵을 내밀면 치마를 펄러덩 걷어 올렸다

침묵에 감싸인 바다와 보리 물결과 검은 치마 아래의 살덩이와 실실 웃음을 흘리던 군인들과 그것들을 바라보던 내가 지금도 봄바람에 실려온다

바람이 부는 한 끊이지 않을 거다

산다는 게 다 그런 거라고 생각은 하지만

새그물을 치자

아내와 합의가 이뤄졌다 독수리 한 마리 걸어놓고 포도를 수확하던 날도 옛날이다 물까치 무리가 몇 번만 거쳐 가면 먹을 것조차 얻지 못한다

온라인 장터를 뒤져 새그물을 주문하여 받은 어제 저녁에 포도밭을 덮었다

아침, 물까치 소리를 듣고 나가니 네 마리가 그물에 걸려 버둥대고 있다 두어 마리는 그물 안에서 도망갈 틈을 찾아 허둥댄다 막대기를 들고 들어가 우선 날아다니는 놈부터 죽이려 했으나 새들은 그물에 막혀 파닥대다가도 얼른 방향을 달리해 날기를 몇 번, 기어이 구멍을 발견하여 도망쳤다

발이 그물에 걸려 요란하게 날갯짓을 하는 놈에게 다가가 막대로 치니 이내 평화롭다 온몸이 그물에 감긴 놈에게 다가가니 남아 있던 힘을 모아 몸을 튕겨 올리며 나를 쪼아 죽이겠다고 덤빈다 눈을 보니 살기가 등등하다 막대를 들어 올렸다가 내렸다 끝끝내 살고 싶다면 그물을 벗어나 봐라 나머지 두 마리도 그대로 두고 물러났다

까치가 빠져나간 곳을 그물로 덧씌워 막으니 해가 중천에 있다 쨍쨍, 햇살을 쏘아 보내며 웃는다 재밌으신가 보다

빈 우체통

우체통은 대부분 비어 있다
입을 벌린 채
늘 배가 고프다
오늘은 고라니 한 마리가 숲에서 튀어나와 집 앞길을 가로질러 갔다 땅을 두드리는 소리와 함께 나뭇가지와 풀을 스치는 소리가 들려, 포도에 봉지를 씌우다가 돌아본 내 시선을 쓰윽 밀치며 가버렸다
고라니는 우체통 앞도 스쳐 지나갔다 쓰윽, 무엇에 쫓기는 듯 바삐 가버린 고라니의 뒷모습을 이 세상은 닮았다 다들 뭣엔가 쫓기듯이 살아간다 놀러다니는 사람들은 노느라 바쁘다 일하는 사람은 일하느라 바쁘다
그리고 우체통은 대부분 비어 있다
가만히 보면 어리둥절한 표정이다

부처님 오신 날 2

 계곡으로 내려가는 길, 툭 튀어나온 바위벽에 달라붙은 검은 물체가 보였다 혹시나 하여 다가가 살피니 토종 벌떼다 근방의 벌이 다 죽었다더니, 전염병이 물러난 것인가?
 천개*를 가져다 옮겨 붙여서 비었던 벌통에 넣고 생각하니 부처님 오신 날이다
 부처님이 떼로 오셨다
 벌통 주위의 작은 나무와 풀들을 베어 날아다니는 데에 불편함이 없게 하고 밤을 맞았다
 벌떼부처님, 첫날밤을 잘 보내시고 언제까지나 번성하소서

*마을 사람들이 '벌집 뚜껑'을 이르는 말이다. 대개 굴피로 만든다.

부처님 오신 날 3

내 집보다 더 높은 곳에 자리한 외딴집
내 집의 대여섯 배는 됨직한 커다란 집
등이 마당을 가득 채운 집으로
비빔밥 먹으러 간다

밥값으로 등을 하나 사서 걸어 밝음에 밝음을 더하니
나도 부처님이다

황야의 무법자

 오래전의 서부영화를 본다 죽고 죽이고 속이고 패고 맞고 숙이거나 뻣뻣하거나 기거나 당당히 걷거나
 문화니 문명이니 하지만 도대체 옛날과 지금이 뭐가 다르다는 말인가
 총칼이 돈으로 바뀐 것 말고는 찾기가 어렵다
 법으로 하지 않냐구? 수사를 받고 재판을 받아본 사람은 알 거다 법이란 게 얼마나 가진 자에게 유리한 것인지
 세대가 바뀌고 세기가 바뀌어도 사람 사회는 변하지 않는다 동물의 세계가 변하지 않듯이
 아차차, 인간도 동물이지!

HOTEL XYM

 새벽 2시에 도착한 청량리역에 비가 내린다
 한 달이 넘게 내리는 이 비의 길이는 얼마나 될까
 닫힌 출입문 앞에 눕거나 앉아서, 자거나 라디오를 듣는 노숙자들 틈에 앉아 역전 길 건너편을 바라본다 'HOTEL XYM'이란 불빛 간판 아래 물방울 무늬들이 오르내리며 쉼 없이 반짝거린다 비에도 젖지 않는 빛의 휘황한 자태 앞에서, 오히려 비가 빛에 젖는 모양을 바라본다
 단절하자고, 거부하면서 살자고, 허우적댔던 날들이 지금까지의 내 삶이다
 서울이 그립지는 않았지만 선을 긋고 살지도 못했다 이번에도 그 선을 따라 왔다가 첫차를 타고 떠나고자 문 닫힌 역을 찾았다
 비는 줄기차게 내리고 중얼중얼 세상을 욕하는 노숙자의 소리는 이어지고 있다
 나는 왜 저 호텔에 들어가 쉴 생각을 하지 않을까? 들어가 쉴 수 있는 돈이 없는 것도 아닌데, 왜 나는 노숙자 옆에 앉아 대합실 문이 열리길 기다리고 있는 것일까? 이

젠 걷어찰 마음도, 끌어안을 생각도 없는 도시인데

해설

경계를 지우며 살아가는 일

남승원(문학평론가 · 서울여자대학교 초빙교수)

유승도 시인의 여덟 번째 시집 『하늘에서 멧돼지가 떨어졌다』를 보면 그가 자연의 소재들을 최대한 활용하고 있다는 점을 쉽게 확인할 수 있다. 알려진 것처럼 시인은 오래전부터 자연과 분리되지 않은 삶을 선택해오고 있으며, 이전의 시집들에서도 그와 같은 자신의 생활을 기반으로 하고 있다는 점을 떠올려본다면 그에게 자연의 모습은 피할 수 없는 특징이기도 하다.

전통적 인식 범주 안에서 자연은 그것과 떨어진 채 현실을 살아가는 우리에게 안정을 제공하는 강력한 상징이다. 따라서 작품의 소재적 차원, 또는 시인이 보여주는 태도적 측면에서 자연과 깊이 결부되어 있는 그의 시는 자신이 추구하는 의미들로 구축된 세계를 지향하는 것처럼 보인다. 하지만 실제로는 그의 시가 우리에게 어떤 식

으로든 '안정'을 제공하지 않고 있다는 점이 다소 낯설고
도 흥미롭다.

   자연 속에 파묻혀 사니 좋겠네
   서울도 자연인데 뭐
   그런가?
   사람이 자연인데, 그들이 만든 도시가 자연이 아닐 리
가 없잖아

   친구는 전화를 급히 끊었다 바쁜 모양이다 호랑지빠
귀는 동산에 해가 올라 숲을 환하게 만들었는데도 울음
을 그치지 않는다
   저 새도 바쁘구나
                      ―「서울도 자연이다」 전문

 문득 걸려온 한 통의 전화에서 시인은 지겹게 들었을
지도 모를, "자연 속에 파묻혀 사니 좋겠"다는 말을 또 한
번 듣게 된다. 이어서 그에 대한 대답을 통해 우리는 삶
의 방식이란 공간의 문제가 아니라 결국 자신의 마음가
짐에 달려 있다는 사실을 알게 되기도 한다.
 그 오래된 진실을 확인하고 그에 공감하는 과정을 좀
더 눈여겨볼 필요가 있다. 먼저 우리는 작품 속의 '친구'

처럼 역시 시인을 보면서 적극적으로 자연을 선택한 그이기에 "서울"에 대해 그만큼의 명확한 차이점을 인식하고 있을 것이라는 기대를 가지고 있다. 이때 그 둘의 구별이 유효하지 않다는 시인의 태도나 대답에서 확인하게 되는 일종의 깨달음은 정확히 말하자면 이 작품이 내포하고 있는 본질이 아니라 독서 행위라는 안정적 구조 안에서만 유효한 일이 된다.

그렇다면 여기에서 중요한 것은 우리의 실제 인식 구조 안에서 발생하는 균열이다. '서울'과 '자연'을 대립 관계로 설정해 둔 것은 사실상 도시적 삶의 선택이 자발적이었음을 감추기 위한 현대인들의 알리바이라고 할 수 있다. 시인의 대답으로 인해 이같은 변명을 통해 유지해 왔던 기존 우리 삶의 방식이 더 이상 불가능해지는 균열 말이다. "급히 전화를 끊"을 수밖에 없었던 "친구"의 곤경은 결국 감춰왔던 자신의 내면이 드러난 우리의 모습과 다르지 않다.

시문학의 역할은 금기로 만들어진 경계를 기꺼이 넘을 수 있게 만들어주는 데에 있다고 믿는다. 본질의 세계가 있다면 그것은 현실 속에서 작동하는 수많은 기준들 너머에 존재할 수밖에 없기 때문이다. 따라서 시의 존재 이유 역시 우리의 언어와 사고에 그어진 경계들을 교란하거나 무너뜨리는 과정에서 찾을 수 있어야 한다. 때로 실

패만 남은 좌절의 경험 뒤에도 다시 시의 언어가 일어날 수 있는 것 또한 경계를 넘기 위한 행위에 몰두했을 때만 가능하다.

그렇게 시가 경계를 넘는 도약의 구조일 때 우리는 시인의 창작 행위와 독자로서 읽는 행위가 분리되지 않고 시 자체로만 설명될 수 있는 세계와의 감응을 경험할 수 있게 된다. 옥타비오 파스는 이것을 '시적 체험'이라고 말했다. 그에 의하면 시는 교감과 참여의 방식으로 존재하며, 이를 통해 '원초적 순간'을 끊임없이 재창조한다는 것이다. 오직 '시'를 통해서만 경험하게 되는 이 순간들은 말하자면 특정한 의미를 교환하는 안정적 결말이 될 수 없다. 오히려 발 딛고 서 있는 지반을 뒤흔들어 우리가 '도약'을 선택할 수밖에 없도록 만드는 불안정한 과정 그 자체이다.

앞선 작품에서 확인할 수 있었던 것처럼, 유승도 시인의 『하늘에서 멧돼지가 떨어졌다』를 통한 시적 체험은 우리의 인식에 그어져 있던 금기를 위반하고, 경계가 무너지는 불안정한 과정의 경험과 다르지 않다.

1
친구가 사는 골짜기는 입구 쪽이 절벽 아랫길이다
가게에서 막걸리 한 병 사가지고 들어가던 친구 앞으

로 멧돼지가 떨어졌다

(중략)

돌을 들고 가 서너 번 내려치면서 친구는 하늘로부터 상을 받을만한 일을 언제 했는가를 생각했다 좀체 떠오르질 않았다 먹고 나서 생각해보자 잘한 일이 없다면 하면 되지 않겠는가

2

(중략)

얘가 부처여, 자기 몸을 내놓아 우리가 거하게 먹고 마시도록 해주니

그렇긴 그려, 남을 즐겁게 해주는 게 쉬운 일인감

이 골짜기 저 골짜기에 흩어져 사는 친구 다섯이 모여 깊어가는 밤을 술잔에 따르는데

우지직 우지지직, 계곡의 물소리를 죽이며 보이지 않는 소리가 다가온다

아이구, 윗집 옥수수는 오늘로 다 먹었구만

소리가 보통이 아닌데, 바위만 한 놈이 분명해

(중략)

3

앞발로 옥수수를 감싸 안듯이 하면서 밭두둑을 타고

쭉 앞으로 가는 거야 가슴 밑으로 빨려 들어가듯이 옥수
숫대가 넘어져 배에 눌리며 쭈욱 눕는 거지 그렇게 해놓
고 새끼들을 불러 먹인다구

(중략)

사냥꾼 친구의 이야기를 흘려듣는 동안에도 윗집 옥
수수밭의 소리는 끊이지 않았다 슬쩍 고개를 돌려 보았
다 어둠이 두텁게 내려앉아 비탈밭과 하늘의 경계선이
보이지 않았다

―「하늘에서 멧돼지가 떨어졌다」 부분

표제로 삼은 이 작품을 통해 앞서 말한 유승도 시인의
특징을 다시 한 번 확인해보자. 우선 이 작품은 산골 깊
은 지역에서 벌어질 만한 이야기를 다루고 있다는 점에
서 독자들의 관심을 유발하고 있다. 특히 구전의 형태로
청자에게 직접 전달되는 이야기 방식은 공감의 영역을
확장해가면서 흥미를 불러일으킨다. 이를 통해 도시에서
는 전혀 기대할 수 없는 상황에 대한 단순한 호기심의 충
족에서부터 삶과 죽음의 교차가 만들어내는 일상적 깨달
음, 그리고 사람과 구별할 수 없을 정도로 강한 동물 모
성의 신비함 등을 어렵지 않게 받아들이게 된다. 우연히
얻게 된 멧돼지를 안주 삼아 가벼운 이야기를 나누는 작
품 속 술자리의 장면에 직접 참여하는 것처럼 느껴지게

만드는 것이다.

 하지만 이는 앞서 말했던 것처럼 시의 내용을 그대로 받아들이는 독서 행위 구조 속에서 발생하는 일일 뿐이다. 작품에서 전환되며 보여지는 장면들 간의 의미상 간격을 일상적 상상력의 차원에서 하나의 줄거리로 만들어 이해한 것이다. 그보다는 시인이 세 장면으로 분리해둔 구성에 유의해보자. 특히 프로프가 다양한 이야기 속 인물 행동의 유형화를 통해 일종의 공통된 '기능'을 발견했던 것처럼, 각 장면에 나타나는 핵심 행위에 주목할 필요가 있다.

 먼저 첫 장면에서는 멧돼지를 "돌을 들고 가 서너 번 내려치"는 행위를 확인할 수 있다. 심각한 부상을 당한 채 갑자기 나타난 야생의 동물을 죽이는 것은 유목의 생활에서처럼 자연스러운 일이기도 하고 어쩌면 그 동물의 남은 시간을 그나마 편하게 만들어줄 수도 있을 것이다. 하지만 동물과 함께 자신의 삶을 구성해 온 유목민들의 의사 결정과는 달리 이 사건은 일회적이고 우연히 벌어졌을 뿐이다. 멧돼지가 죽는 것이 낫다고 생각한 "친구"의 선택은 사실 자의적 판단이라고 할 수 있으며, 따라서 자신의 행위에 이어 "하늘로부터 상을 받을만한 일"이 있었는지를 떠올리게 된 것도 양심의 가책에 따른 감정으로 이해할 수 있다.

그런데 이같은 일련의 과정은 다소 엉뚱하게도 "먹고 나서 생각해보자"는 결론으로 나아간다. 이어서 "잘한 일이 없다면 하면 되지 않겠는가"는 다짐은 잘못한 과거를 되돌아보는 보편적인 반성의 과정을 역전하기에 이르고 만다. 이는 결국 앞서 시인의 특징으로 살펴보았던 것처럼, 자신의 행위에 스스로 의미를 부여하면서 살아가는 일상적 삶의 방식이 통용되지 않는 아이러니적 상황을 펼친다. 멧돼지를 잡아 "거하게 먹고 마시"는 것이 자연스러운 일인만큼, 다른 멧돼지가 농작물을 다 망치고 있는 현장에서 "아무도 멧돼지를 쫓으려하지 않"는 것 역시 다른 한편으로는 자연스러운 일이 되는 것처럼 말이다.

다음 장면에 이르면 "엄니가 나를 살펴준 거보다 더 살뜰히" 새끼들을 대하는 모성이나, 인간의 공격에 맞서 적절한 상황 판단을 하는 "영리"함을 보여주는 일화들을 통해 "친구 다섯"이 나누는 이야기의 핵심은 아예 멧돼지의 행위가 차지하게 된다. 멧돼지를 안주로 삼고 있던 술자리에서 말이다. 이처럼 이야기를 구성하는 행위에 주목해본다면 공감의 구조 이면에 그것을 가능하게 만들어 왔던 인식이 난맥상으로 얽혀 있음이 드러난다. 삶과 죽음 또는 동물과 인간 등을 구분할 수 있다고 믿어왔던 우리의 인식 체계는 사실상 그렇게 명확할 수 없는 것이다. 이 모든 과정의 끝에 "비탈밭과 하늘의 경계선이 보이지 않았다"는 구절이 상징적으로 압축해서 나타내는 것 역시 인식 내부의 '경계'를 지우는 시인의 의도라고 보아야 할 것이다.

참새들이 노래하며 노니는 덤불로 검은 물체가 날아들었다
참새 한 마리를 움켜쥔 매가 떠올라 날아가는 하늘 한편에 째액째액 비명이 울린 것도 잠깐이었다
옆 나무로 피신했던 참새들이 다시 모여들어 지저귄다 매가 왔다 갔으니 당분간은 오지 않으리란 걸 알고 있다며 신이 났다
오늘 놀지 못하면 내일은 또 어찌 놀 수 있으리요
—「제물」 전문

매 한 마리가 닭장 위 하늘, 저 위에서 빙빙 원을 그리며
닭들을 향해 죽음을 뿌리는 한낮
닭들은 흙을 헤치며 모이를 찾느라 여념이 없다
—「봄 햇살」 전문

온몸으로 '경계'를 관통하면서 살아가고 있는 유승도 시인의 태도는 인용한 두 작품을 통해서 보다 명확하게

이해해볼 수 있다. 삶과 죽음이 교차하는 장면을 포함한 작품은 이뿐만이 아니라 시집 『하늘에서 멧돼지가 떨어졌다』 전반에 걸쳐서 등장하고 있는데, 그는 이처럼 죽음과의 경계마저 없애나가는 것으로 매일의 삶을 만들어 나간다.

여기에서 죽음에 대한 시인의 태도를 인간 이성의 근원적이고 고유한 특질이라는 사변적 관점으로 받아들이지 않도록 유의해보자. 그에게 죽음은 헤겔이 말했던 것처럼 변증법적 총체성을 지향하는 과정에서 필수적인 부정성으로 동물과 구별되는 인간 개체의 특성을 강조하기 위한 것도 물론 아니다. 「제물」에서 "매"를 피할 수 없는 "참새들"이 결국 자신의 삶을 "매가 왔다 갔"다 하는 "당분간"의 사이에 위치시키거나, 또는 최선을 다해 자신들의 죽음을 노리는 "매"의 존재 아래에 역시 "모이를 찾느라 여념이 없"는 최선의 삶으로 응대하는 「봄 햇살」 속 "닭"의 모습과 동일하게 시인은 삶과 죽음의 위계를 넘어 가치가 뒤엉키고 결국 그 둘의 구분이 무화된 하루를 또 살아갈 뿐이다.

시인에게 삶과 죽음이 교착된 지점은 곧 자신의 시적 인식을 출발시키는 기원의 의미이기도 하다. 단적으로 「경기도 포천군 이동면 도평2리」에서 자신이 나고 자란 곳을 찾아가게 된 시인이 시간과 공간에 대한 기억을 통해 자신의 고향을 "삶과 죽음을 배운 곳"으로 정의했을 때 우리는 그것을 분명하게 확인할 수 있게 된다. 나아가 이같은 시인의 인식이 단순한 기억이나 회상에 머물지 않고 있다는 점은 이미 첫 시집에서부터 그의 시 세계를 만들어 가는 원동력이었다.

    나는 둥그런 산에 산다
    나무와 밭으로 뒤덮인 산,
    숲에서 나온 물줄기는 밭을 가로질러 산 아래 들판으로 흐른다
    가끔은 구름이 내 오두막을 감싸기도 한다

    내 산엔 산 같은 무덤들이 있다
    아버지 어머니도 산에 묻혔다
    아버진 말이 없는 분이셨다
    얼굴을 본 기억이 없는 어머닌 노래를 잘 부르셨다고 한다

    이제 출산 날이 다가온 아내의 배를 보니
    무덤을 참 많이도 닮았다
    ―「산」 전문(『작은 침묵들을 위하여』, 창비, 1999)

인용한 이 작품에서 그는 먼저 자신의 삶이 "무덤"으로 상징되는 '죽음'이라는 사건과 고스란히 겹쳐 있다고 진술한다. 줄곧 살펴보고 있는 것처럼 이와 같은 시인의 인식은 상징에 그치는 것이 아니라 『하늘에서 멧돼지가 떨어졌다』를 관통하면서 실제 생활의 터전을 구성하는 방식이 되고 있다. "출산 날이 다가온 아내의 배"와 "무덤"을 하나의 시야에 담아내고 있는 그의 관점을 이해하는 데에도 결정적이다. 둘의 형태적 유사성에서 비롯된 유비는 어쩌면 그것만으로도 생명을 잉태하고 있는 "배"에 대한 인식의 금기를 넘는 일이기도 하다. 하지만 이를 통해 우리 내면에 가장 깊게 드리워진 삶과 죽음에 대한 경계를 무화시키는 곳에서 그가 시인으로 살아가길 선택했다는 사실을 알게 되는 것이 중요하다. 결국 그의 시 쓰기는 대결적 인식을 통해 유지되어 온 우리의 현실적 삶이 더 이상 지속 불가능한 지점에 도달하게 된다.

　어제 저녁부터 내리던 비가 그치니 흑염소가 배고프다며 운다 아침엔 비가 내리는 통에 풀어놓지도 못했다
　한낮인데 울어대면 어쩌라구 에이잉 귀찮다 가만, 내일모레 도축장 데려가야 할 놈이 있잖아! 돈을 주고 간 사람이 토요일에 오겠다고 그랬으니
　엉덩이를 일으켰다 엉덩이는 비가 내리기 시작하자마

자 무거워진 상태였다 그래도 살날이 이틀 밖에 남지 않
은 놈이 울어대는데 앉아 있을 순 없는 일

  아침에 다라에 준 콩깍지는 물에 젖어 불었다 비에 젖
으니 먹다가 말았을거다 쏟아버리고 바삭바삭한 콩깍지
를 담아주었다

            ―「겨울비는 뭣하러 자꾸 내린다냐」 부분

따라서 유승도 시인에게 '자연'은 도시로부터의 단순한 도피처이거나 또는 자신이 꿈꾸는 삶을 살기 위한 이상향도 될 수 없다. 가령, 이 작품에서 우리는 흑염소를 기르면서 살아가는 시인의 생활을 엿보게 된다. 하지만 흑염소가 "한낮인데 울어대"는 순간처럼 때로는 영 "귀찮"게만 느껴지는 때가 없는 것은 아니다. 비에 젖어서 못 먹게 된 "콩깍지" 때문인지 흑염소는 계속 배가 고파 울 수밖에 없는데도 말이다. 그런데 문득 며칠 후면 "도축장"에 내다 팔기로 약속이 되어 있는 염소가 있다는 사실이 떠오르고, 바로 그 "살날이 이틀 밖에 남지 않은 놈"을 위해 시인은 다시 "바삭바삭한 콩깍지를 담아"주기 위해 몸을 일으킨다.

여기에서 동물을 향한 배려 또는 모든 죽음을 평등하게 대하는 인간의 본성 등을 이야기해 볼 수도 있을 것이다. 하지만 인간의 필요에 따라 이미 동물의 생사를 결정

한 행위 속에서 이같은 판단은 오히려 이해할 수 없는 모순 속에 우리가 존재하고 있음을 알게 해줄 뿐이다. 누구라도 쉽게 공감할 수 있는 이 장면의 아름다움은 특정한 가치의 재확인이 아니라, 인류가 오랜 세월 축적해 온 현실 인식의 기준이 사라진 원점에서 도출되고 있다.

   산이 구불구불 맥을 이뤄 위로 아래로 달려가는 모습을 보고 있으면 멋있다는 생각이 든다 꿈틀꿈틀 거대한 벌레가 기어가는 모습이다 가만히 있으면서도 쉼 없이 나아가는 산이 부럽기도 하다
   사람들이 봉우리마다 이름을 지어 자신의 세계로 끌어들인 것도 산이 부러워서일 거다
   사람은 산의 친구가 되기도 하고 스승으로 받들기도 한다 어떤 이는 스스로 산이 되기도 한다
   산은 가만히 있기에 되지 못할 게 없다
—「산을 보면서」 전문

그렇게 산에서 살아가는 유승도 시인은 "스스로 산이 되기"를 선택하기에 이른다. 앞서 살펴보았던 것처럼 그의 하루가 그만큼의 현실적 가치들을 지워나가는 일이라고 했을 때 '산'은, 그리고 산에서 살아가는 시인은 자신의 온몸으로 경계를 향해 "쉼 없이 나아"간다. 산은 때로

"친구"나 "스승"의 구체적인 의미와 결부될 수도 있지만, 궁극적으로 시인에게 산은 그 어떤 것에도 얽매이지 않은 채 "되지 못할 게 없"는 유일한 대상이기도 하다.

    내가 세 살인가 네 살인가에 돌아가셨다는 어머니
     저 구름의 부드러운 웃음, 얼굴의 땀을 훔쳐 주며 스쳐가는 바람의 손길, 끝과 넓이를 알 수 없는 하늘, 발을 담그면 어루만지며 나아가는 물줄기의 숨결, 토닥토닥 등을 두드리며 내리는 비, 살랑살랑 나를 부르는 나뭇잎, 늦은 잠에서 눈을 뜨게 하는 새들의 노래, 세상이 깜깜할수록 더욱 빛나는 달과 별
     이런 모습이 아닐까 짐작이나 한다
                            —「어머니」전문

유승도 시인의 작품을 읽는다는 것은 무의식에 이르기까지 촘촘하게 그어져 있던 경계 너머 우리 인식의 '원초적 순간'들과 처음으로 마주하는 의미를 갖는다. 그것은 이 작품에서처럼 너무 어린 시절에 어머니를 잃어 얼굴을 기억할 수 없는 시인이 어머니를 짐작하는 방식으로 이해할 수 있다. '구름, 바람, 하늘, 물줄기, 비, 나뭇잎, 새, 달과 별'은 결코 '어머니'가 될 수 없다. 따라서 시인의 이 모든 언어는 끝내 '어머니'를 그려내지 못하지만, '어

머니'와 더불어 '어머니'의 품속에서 살아가는 것을 가능하게 만든다. 이 세상의 모든 모순과 한계를 그대로 끌어안아버리는 바로 그 '어머니'의 품 말이다.

『하늘에서 멧돼지가 떨어졌다』를 읽은 우리가 현실의 언어로는 그의 시 세계를 다시 그려낼 수 없는 곤경 속에서도 '산'속으로 깊이 들어가는 '시적 체험'이 가능한 것 또한 이와 같은 특징 때문이다. 옥타비오 파스를 통해 앞서 살펴보았던 것처럼 유승도 시인의 언어들은 상대적이고 상호 의존적인 대립물로 만들어진 세계를 초월하면서, 현실의 모순적 명제를 뛰어넘는 '진정성'을 획득하기에 이른다.

시인의 말

'만물은 다 제자리가 있다'는 말을 받아들인다.
 흘러가는 물에 시선을 두고 바람 소리에 귀를 기울이자니 20년이 하루였다.
 산 아래는 내가 앉을 자리가 없다는 걸 또 잊었었구나!
 내려갈 생각을 지우고 태백의 눈 덮인 봉우리를 바라본다.

2023년 망경대산 중턱에서
봄을 맞으며 제자리를 생각하다
유승도

하늘에서 멧돼지가 떨어졌다

2023년 4월 11일 초판 1쇄 펴냄

지은이 _ 유승도
펴낸이 _ 양문규
펴낸곳 _ 詩와에세이

신고번호 _ 제2017-000025호
주   소 _ (30021)세종특별자치시 조치원읍 충현로 159, 상가동 107-1호
대표전화 _ (044)863-7652
팩시밀리 _ 0505-116-7653
휴대전화 _ 010-5355-7565
전자우편 _ sie2005@naver.com
공 급 처 _ 한국출판협동조합
주문전화 _ (02)716-5616
팩시밀리 _ (031)944-8234~6

ⓒ유승도, 2023
ISBN 979-11-91914-38-2 (03810)

* 지은이와 협의하여 인지는 생략합니다.
* 이 책 내용의 전부 또는 일부를 재사용하려면 반드시 지은이와
  詩와에세이 양측의 동의를 받아야 합니다.
* 책값은 뒤표지에 표시되어 있습니다.
* 이 도서는 강원도, 강원문화재단 후원으로 발간되었습니다.